Ich bedanke mich bei meiner Mutter Jana Oppel,
die mir bei der Erstellung der Arbeit als Pohltherapeutin für den Praxisteil
mit Rat und Tat zur Seite stand.

Die Sensomotorische Körpertherapie nach Dr. Pohl®

in Anwendung auf die Verspannung der Gesangs- und Atemmuskulatur

Katharina Carolin Oppel

Videos vor und nach der Behandlung unter

Informationen zu weiteren Behandlungsfeldern unter www.pohltherapie.de

Bibliografische Information der Deutschen Nationalbibliothek:
Die Deutsche Nationalbibliothek verzeichnet diese Publikation in der Deutschen Nationalbibliografie; detaillierte bibliografische Daten sind im Internet über http://dnb.dnb.de abrufbar.

Herstellung und Verlag: BoD – Books on Demand, Norderstedt

Zeichnungen: Nele Reimer aus „Unerklärliche Beschwerden?" von Dr. Helga Pohl mit freundlicher Genehmigung des Knaur Verlages

Fotos: Katharina Carolin Oppel

ISBN: 978-3-7519-3202-8

INHALTSVERZEICHNIS:

1 Einleitung..1

   1.1 Begründung der Themenwahl...1

   1.2 Themenformulierung..2

2 Die Sensomotorische Körpertherapie..2

   2.1 Entstehung der Sensomotorischen Körpertherapie..2

   2.2 Idee der Sensomotorischen Körpertherapie, Grundlagen und Ansätze............2

3 Die fünf Behandlungsverfahren 3

   3.1 Die Bindegewebsbehandlung 3

      3.1.1 Über das Bindegewebe der Haut und Unterhaut.......................................3

      3.1.2 Die Behandlung des Bindegewebes 3

   3.2 Die Triggerpunktbehandlung...4

      3.2.1 Über Triggerpunkte..4

      3.2.2 Die Behandlung der Triggerpunkte 4

   3.3 Pandiculations nach Thomas Hanna...5

      3.3.1 Der Sensomotorische Cortex..5

      3.3.2 Behandlung der sensomotorischen Amnesie durch Pandiculations............5

   3.4 Die Sensomotorischen Übungen 6

   3.5 Das Körperbewusstseinstraining 6

4 Die Gesangs- und Atemmuskulatur 7

   4.1 Was ist ein Muskel?..7

   4.2 Agonist, Antagonist und Synergist..7

   4.3 Über die Gesangs- und Atemmuskulatur 7

      4.3.1 Das Zwerchfell...8

      4.3.2 Die Bauchmuskeln...9

      4.3.3 Die Zwischenrippenmuskeln..10

      4.3.4 Die Serratus-Muskeln..10

      4.3.5 Der Kehlkopf..11

      4.3.6 Sonstige Atemmuskeln..12

   4.4 Atemeinschränkende Fehlhaltungen und ihre Ursachen.................................12

      4.4.1 Stopp- und Startmuster...12

      4.4.2 Das Stoppmuster – Generation Smartphone...13

4.4.3   Das Startmuster – Posieren 14

5   Selbstversuch 14

5.1   Meine Behandlungserfahrung 15

5.2   Zusammenfassung des Behandlungserfolges 17

6   Anhang 18

6.1   Typische Haltungsfehler 18

6.2   Dokumentation des Behandlungsprozesses 23

6.2.2   Detaillierte Beschreibung 27

6.2.3   Vorher-/Nachher-Vergleich nach der Behandlung 31

7   Literaturverzeichnis 45

7.1   Primärliteratur 45

7.2   Sekundärliteratur 46

1 EINLEITUNG

1.1 Begründung der Themenwahl

Die meisten Menschen entwickeln durch ihre alltäglichen Tätigkeiten eine Fehlhaltung, aus der sich häufig verschiedenste Arten an körperlichen Beschwerden entwickeln können. Allerdings bleiben schulmedizinische Untersuchungen in diesen Fällen oft ohne Befund. Die Patienten gelten also als organisch gesund und werden, nachdem sie eine lange Reihe verschiedener Ärzte aufgesucht haben, als „psychosomatische" Patienten an Psychotherapeuten überwiesen. Diese können die Patienten jedoch nicht von ihrem Schmerz befreien, sondern sollen ihnen höchstens helfen, diesen zu akzeptieren. Eine muskuläre Verspannung als Ursache wird meist nicht in Betracht gezogen. Hier setzt die Sensomotorische Körpertherapie nach Dr. Pohl® an.

Mein Interesse für die Sensomotorische Körpertherapie wurde geweckt, als meine Mutter mit der Ausbildung bei Frau Dr. Pohl begann. Mich beeindruckte die Effektivität der Therapie, da häufig schon nach den ersten Behandlungsstunden eine Verbesserung der Körperhaltung beziehungsweise des körperlichen Befindens zu sehen und zu spüren ist. Da ich selbst in meiner Freizeit singe und einen Beruf als Sängerin anstrebe, stellte sich mir die Frage, ob ich mich selbst auch durch meine alltagsbedingten Tätigkeiten in eine Fehlhaltung begeben hatte, die meine Atmung und somit auch meinen Gesang einschränkte. Mir bereiteten vor allem Töne, bei denen ich die Kopfstimme verwenden musste, große Schwierigkeiten, da ich häufig ein Kitzeln im Hals spürte sowie das Gefühl, nicht ausreichend Luft zu haben, um die höheren Töne, welche für mich schon ab dem eingestrichenen B begannen, zu halten. Im Rahmen meiner Facharbeit lernte ich, wie solche Beschwerden mithilfe der Sensomotorischen Körpertherapie behandelt werden können, indem ich mich einerseits mit der Theorie befasste, mich aber auch selbst der Therapie unterzog.[1]

---

[1] vgl. POHL 2010 Unerklärliche Beschwerden.

1

1.2 Themenformulierung

In dieser Facharbeit beschäftige ich mich mit der Sensomotorischen Körpertherapie in Anwendung auf die Verspannung der Gesangs- und Atemmuskulatur. Es werden die Entstehung und die Ansätze der Therapie sowie die Atemmuskulatur im Allgemeinen erläutert. Auch werden die äußeren Einflüsse auf die Verspannungen der besagten Muskulatur erklärt und wie diese Verspannungen durch die Sensomotorische Körpertherapie gelöst werden können. Um die Effektivität darzustellen, wurde ein Selbstversuch mit Behandlungsverlauf einbezogen.

2 DIE SENSOMOTORISCHE KÖRPERTHERAPIE

2.1 Entstehung der Sensomotorischen Körpertherapie

Die Sensomotorische Körpertherapie wurde von Dr. Helga Pohl entwickelt, die nach einer langen eigenen Leidensgeschichte und daraus folgenden verschiedensten Arztbesuchen, die alle keine anhaltende Besserung ihrer Schmerzen brachten, zu der grundlegenden Erkenntnis kam, dass ihre gesamte „Krankheit" nicht etwas war, das sie hatte, sondern etwas, das sie tat. Nach mehreren Jahren der Forschung entwickelte sie daraus die Sensomotorische Körpertherapie, durch welche sie letztendlich schmerzfrei wurde. Die Therapie setzt sich aus fünf verschiedenen Verfahren zusammen.[2]

2.2 Idee der Sensomotorischen Körpertherapie, Grundlagen und Ansätze

Bei der Sensomotorischen Körpertherapie handelt es sich um eine „Körperpsychotherapie zur Behandlung chronischer Schmerzzustände und funktioneller Beschwerden".[3] Die fünf Verfahren der Therapie basieren teils auf bereits vorhandenen Vorgehensweisen von Beweglichkeitsbehandlungen, teils auf von Dr. Pohl weiter- oder neu entwickelten Verfahren. Diese werden im Folgenden näher erläutert.

---

[2] vgl. POHL 2010 Unerklärliche Beschwerden S. 21, S.128.

[3] Zitat: © 2006-2016 Körpertherapiezentrum Dr. Helga Pohl (https://pohltherapie.de/die-behandlung/sensomotorische-koerpertherapie/die-einzelnen-verfahren.html#Verfahren_Bindegewebe) S.1, Entnahmedatum 04.04.17, Anhang S.17.

3 DIE FÜNF BEHANDLUNGSVERFAHREN

3.1 Die Bindegewebsbehandlung

3.1.1 Über das Bindegewebe der Haut und Unterhaut

Den genauen Aufbau des Bindegewebes zu erklären, wäre an dieser Stelle zu umfangreich, jedoch ist zu erwähnen, dass das Bindegewebe laut Dr. Pohl aus mehreren Untereinheiten besteht, wie beispielsweise dem Bindegewebe der Haut, dem Unterhautfettgewebe und den Faszien. Die Faszien gehören zu den am häufigsten genannten Bindegewebseinheiten, sind aber laut Dr. Pohl mit dem Bindegewebe im Allgemeinen nicht gleichzustellen. Der genaue biochemische Aufbau kann in „Faszien: Architektur des menschlichen Fasziengewebes"[4] nachgelesen werden.

3.1.2 Die Behandlung des Bindegewebes

Um Haut und Unterhaut zu behandeln, wird die manuelle Bindegewebsbehandlung angewandt. Das Bindegewebe kann sich durch verschiedenste äußere Einflüsse verfestigen, wie zum Beispiel einem Sturz vom Fahrrad, einer Operation o.Ä., jedoch auch durch eine dauerhaft eingenommene Fehlhaltung. Da sich das Bindegewebe überall im Körper befindet, folglich also auch Muskeln und Muskelfasern umgibt, kann es zu erheblichen Einschränkungen und Beschwerden kommen, wenn dieses nicht wie ursprünglich locker und weich, sondern hart und verfestigt ist. Dies kann sich äußerlich durch Hautunregelmäßigkeiten bemerkbar machen. Ein Muskel unter verfestigtem Bindegewebe kann vom Hirn nicht mehr richtig angesteuert werden, so entstehen ein Schwächegefühl oder diverse Missempfindungen an den betroffenen Stellen. Dies ist ein wechselseitiger Prozess, da ein dauerhaft verkürzter Muskel die Bewegung einschränkt und damit das Bindegewebe fester macht. Um diese Verfestigung zu lösen, wird das „Bindegewebe auf den Muskeln mit kleinen, drückenden und rollenden Bewegungen zwischen den Fingern"[5] behandelt. Dies ist je nach Ausmaß der Verfestigung äußerst schmerzhaft. Der

---

[4] GUIMBERTEAU / ARMSTRONG 2016.

[5] Zitat: POHL 2010 Unerklärliche Beschwerden S. 132 Z.27 12ff.

Schmerz lässt jedoch nach, sobald das Bindegewebe sich lockert, wobei es auch spürbar weicher und glatter wird.[6]

3.2 Die Triggerpunktbehandlung

3.2.1 Über Triggerpunkte

Myofasziale Triggerpunkte, auch Myogelosen genannt, sind „punktuelle Verspannungen der Muskeln"[7]. Die amerikanischen Wissenschaftler Dr. Janet G. Travell und Prof. David G. Simons definieren einen Triggerpunkt als „äußert leicht erregbaren abgrenzbaren Punkt in Form eines Knötchens in einem spürbar angespannten Muskelfaserbündel".[8] Um auch nur kleine Bewegungen durchzuführen, müssen Millionen von mikroskopisch kleinen Einheiten im Muskel, genannt Sarkomere kontrahieren. Werden diese Sarkomere überstimuliert, verlieren sie ihre Fähigkeit, sich aus dem kontrahierten Zustand zu lösen. An diesen Stellen entstehen Triggerpunkte, durch welche auch umliegende Bereiche schlechter durchblutet und mit Sauerstoff versorgt werden können[9]

3.2.2 Die Behandlung der Triggerpunkte

Um diese Myogelosen zu lösen, werden diese mit „gezieltem Fingerdruck"[10] behandelt, während der Patient den entsprechenden Muskel leicht bewegt. Da Triggerpunkte auch auf umliegende Rezeptoren drücken, entsteht eine erhöhte Druckempfindlichkeit an den betroffenen Stellen. Darum ist die Behandlung anfangs schmerzhaft, bessert sich durch die Bewegung jedoch innerhalb eines kurzen Zeitraums. So kann das Körperbewusstsein verbessert und der Muskel spürbarer, beziehungsweise wahrnehmbarer gemacht werden.[11]

---

[6] vgl. POHL 2010 Unerklärliche Beschwerden S. 132.

[7] Zitat: POHL 2010 Unerklärliche Beschwerden S. 131 Z. 27f.

[8] Zitat: DAVIES 2011 Arbeitspunkt Triggerpunkt-Therapie S. 46 Z. 6f , vgl. SIMONS/TRAVELL 2002 Handbuch der Muskel-Triggerpunkte S. 5.

[9] vgl. DAVIES 2011 Arbeitsbuch der Triggerpunkt-Therapie S. 46.

[10] Zitat: POHL 2010 Unerklärliche Beschwerden S. 131 Z. 30.

[11] vgl. POHL 2010 Unerklärliche Beschwerden S. 132.

3.3 Pandiculations nach Thomas Hanna

3.3.1 Der Sensomotorische Cortex

Der sensomotorische Cortex besteht aus zwei Einheiten, dem somatosensorischen Cortex (Gyrus postcentralis) und dem motorischen Cortex (Gyrus praecentralis). Diese verlaufen parallel zueinander, sind aber durch die Zentralfurche (Sulcus centralis, Abb. auf S. 28 im Anhang) getrennt. Sowohl der sensorische als auch der motorische Cortex ist aufgeteilt in ein primäres und ein sekundäres Rindenfeld. Das primär sensorische Rindenfeld dient der Wahrnehmung bewusster Empfindungen und erhält seine Informationen von den peripheren, also „außenliegenden" Rezeptoren, wie zum Beispiel der Haut, Muskeln oder Gelenken. Das sekundär sensorische Rindenfeld speichert frühere Erfahrungen und Empfindungen und vergleicht diese mit neu eintreffenden Informationen, wie zum Beispiel über Gelenkstellung, Muskellänge oder das Gleichgewicht. Diese Informationen können gezielt erkannt und gedeutet werden. Das primär motorische Rindenfeld des motorischen Cortexes enthält Neuronen zur Steuerung bewusster Bewegungen. Jede Körperregion besitzt seinen eigenen Abschnitt, jedoch sind die Muskelgruppen unterschiedlich vertreten, da die Neuronenanzahl von der für den Muskel nötigen Präzision abhängig ist. Das sekundär motorische Rindenfeld dient der Abspeicherung komplexer Bewegungsmuster. Die jeweils primären und sekundären Rindenfelder stehen in Verbindung zueinander (Abb. auf S. 29 im Anhang).[12]

3.3.2 Behandlung der sensomotorischen Amnesie durch Pandiculations

Die Pandiculations nach Thomas Hanna behandeln die sogenannte „sensomotorische Amnesie".[13] Diese „Amnesie" entsteht, wenn der Muskel nicht mehr ausreichend bewegt wird, dadurch sendet er kein sensorisches Feedback mehr aus. Das Hirn bekommt keine Informationen über Änderungen oder Unterschiede bezüglich der Muskelkontraktion, doch ohne genau diese Unterschiede spürt man den Muskel auf Dauer nicht mehr. Dr. Helga Pohl bezeichnet dies als „weißen Fleck auf der Körperlandkarte".

---

[12] vgl. BIERBACH 2009 Naturheilpraxis heute S. 1021-1023.

[13] vgl. HANNA 2016 Beweglich sein ein Leben lang.

Die Pandiculations wirken dieser sensomotorischen Amnesie entgegen und werden wie folgt angewandt: Der Therapeut streicht über die Stelle des verkürzten Muskels, um eine sensorische Information zu erzeugen und bewegt diesen passiv in Richtung des Faserverlaufs. Dann wird der Patient gebeten, den Muskel noch stärker in die vorhandene Verkürzung zu bewegen. Der Therapeut erzeugt gegen diese Bewegung einen Gegendruck. Patient und Therapeut reduzieren den Druck allmählich, bis der Patient die für ihn bis dahin maximale Länge der Muskelfasern erreicht hat. Da Hirn und Muskel feinste Abstufungen vornehmen müssen kann es passieren, dass der Muskel aufgrund der sensomotorischen Amnesie nicht richtig angesteuert werden kann, was sich durch zu schnelles Nachgeben oder „Rattern", beziehungsweise Zittern des Muskels an den betroffenen Stellen äußert. In diesem Fall wird der Patient gebeten, durch Verstärkung des Drucks an die Stelle zurückzugehen, an der er den Muskel bewusst kontrollieren konnte. Der Patient reduziert den Druck erneut. Diese Vorgehensweise wird so oft wiederholt, bis er in der Lage ist, den Muskel bewusst anzusteuern. Sollte der Muskel an dieser Stelle weiterhin zittern oder Schwäche zeigen, muss hier eine Bindegewebsbehandlung erfolgen.[14]

3.4 Die Sensomotorischen Übungen

Ein weiteres Verfahren der Sensomotorischen Körpertherapie besteht aus sogenannten „Sensomotorischen Übungen". Diese Übungen zielen auf die betroffenen Muskelregionen des Patienten ab, die er bei der Durchführung genau wahrnehmen soll.[15]

3.5 Das Körperbewusstseinstraining

Das Körperbewusstseinstraining wird von Dr. Pohl als „Kernstück der Sensomotorischen Körpertherapie"[16] beschrieben. Der Patient wird dazu aufgefordert, seine Aufmerksamkeit auf die manuell behandelten Partien zu richten und nachzuspüren, was sich körperlich wahrnehmbar innerhalb der Behandlung verändert hat. Um Rückfällen vorzubeugen, sollte er

---

[14] vgl. POHL 2010 Unerklärliche Beschwerden S. 130-131.

[15] vgl. POHL 2010 Unerklärliche Beschwerden S. 133.

[16] Zitat: POHL 2010 Unerklärliche Beschwerden S. 133 Z. 17f.

seinen Alltag beobachten und spüren, wie sein Körper, beziehungsweise seine Muskeln und deren Spannung durch verschiedene Situationen beeinflusst werden. So merkt er, wie er in seine Fehlhaltung geraten ist, die seine Beschwerden hervorgerufen hat.[17]

4 DIE GESANGS- UND ATEMMUSKULATUR

4.1 Was ist ein Muskel?

Da der Aufbau des Muskels sehr komplex ist, kann er an dieser Stelle nicht ausführlich erläutert werden, ist jedoch in der Abb. im Anhang auf Seite 32 einzusehen. Im Allgemeinen ist ein Muskel hinsichtlich der Gewebearten und deren unterschiedlichen Zellformen unterteilbar. Die quergestreifte Muskulatur umfasst die gesamte Skelettmuskulatur, sowie die Zunge und die äußeren Schließmuskel und ist willkürlich ansteuerbar. Die glatte Muskulatur ist primär in Hohlorganen wie zum Beispiel Gebärmutter, Prostata oder Harnblase zu finden und ist unwillkürlich ansteuerbar. Eine Ausnahme bildet das Herz, dessen Muskulatur quergestreift ist, jedoch ebenfalls nur unwillkürlich ansteuerbar ist.

4.2 Agonist, Antagonist und Synergist

Bei jeder Bewegung ist ein Muskel oder auch mehrere als Agonist, Antagonist oder Synergist beteiligt. Der Agonist spannt sich hierbei an und wird kürzer, während der Antagonist zum selben Zeitpunkt nachgibt und länger wird. Zu den Synergisten zählen die Muskeln, die den Agonisten bei der Bewegung unterstützen.

4.3 Über die Gesangs- und Atemmuskulatur

Die Atmung als unwillkürlicher Vorgang erfolgt über das Atemregulationszentrum. Sie kann jedoch auch bewusst gesteuert werden, da sie durch die Skelettmuskulatur ausgeführt wird. Beim Singen handelt es sich um eine besondere Form der Atmung, bei der das gesamte Rumpfgebiet sowie der Beckenboden miteinbezogen werden. Die Einatmung kann hier sehr

---

[17] vgl. POHL 2010 Unerklärliche Beschwerden S. 134-135.

schnell erfolgen, die Ausatmung hingegen kann sehr langezogen werden, ohne dass man in Atemnot gerät. Grundsätzlich wird gesangsspezifisch zwischen Kopf- Brust- und Bauchstimme unterschieden. Diese werden anhand der Muskeln näher erläutert. An der Atmung sind zahlreiche Muskeln sowohl aktiv als auch passiv beteiligt, jedoch kann im Folgenden nur auf die wichtigsten aktiv beteiligten Muskeln eingegangen werden.[18]

4.3.1 Das Zwerchfell

„Das Zwerchfell ist der volumeneffizienteste Atemmuskel des Menschen".[19] Es befindet sich zwischen Brust- und Bauchraum, trennt diese voneinander und gehört zu den wichtigsten Atemmuskeln. Bei einer gesunden Einatmung kontrahiert das Zwerchfell und wird flacher.

Es schiebt alle inneren Organe tiefer in den Bauchraum, um die Lunge nach unten weiten zu können und so Platz zu schaffen. In der Lunge, die selbst nur passiv am gesamten

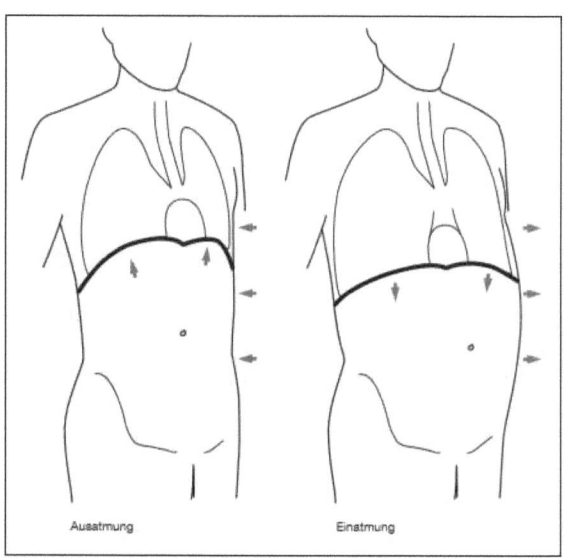

Zwerchfell, Ausatmung und Einatmung

Atemmechanismus beteiligt ist, entsteht so ein Unterdruck, der die Lufteinströmung ermöglicht. Bei der Ausatmung entspannt das Zwerchfell wieder. Sollte dies nicht der Fall sein, ist die Ausatmung blockiert.

Das Zwerchfell ist wesentlich am Einsatz der Bauchstimme beteiligt, da es bei der Einatmung die Lunge weitet und bei der Ausatmung die Lunge, beziehungsweise die dort vorhandene Luft

---

[18] vgl. Ausbildungsunterlagen Sensomotorische Körpertherapie nach Dr. Pohl® Segment 4 S.8, S.12, S.13.

[19] Zitat: VALERIUS 2014 Das Muskelbuch S. 320 Z.1.

stark nach oben drückt, sodass der Ton kräftig und voluminös klingen kann. Dies geschieht in Zusammenarbeit mit den Bauchmuskeln.[20]

4.3.2 Die Bauchmuskeln

Anatomisch gesehen ist mit „Bauch" der ganze vordere Rumpf unterhalb des Brustkorbs gemeint. Er wird in Oberbauch, also alles oberhalb des Nabels und Unterbauch, d.h. alles unterhalb des Nabels aufgeteilt. Die Bauchmuskeln werden in gerade, schräge und quere Bauchmuskeln unterteilt.

Der gerade Bauchmuskel (Rectus abdominis) setzt am Brustkorb an und zieht diesen bei der Ausatmung in Richtung des Schambeins. Ähnlich funktionieren die schrägen Bauchmuskeln (Obliqui-abdominis Muskeln), welche den Brustkorb bei der Atmung in Richtung des Beckens ziehen und somit zu den Ausatemmuskeln gezählt werden. Sie „setzen oben rechts und links an den Rippen und unten an der gegenüberliegenden Beckenseite an".[21]

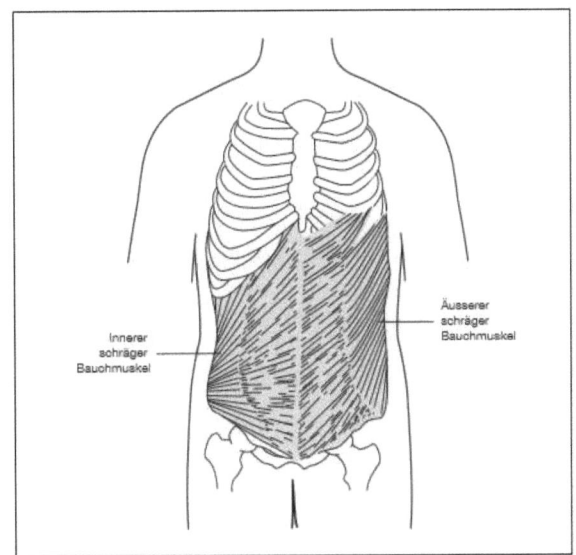

Schräge Bauchmuskeln

Bewegen sich die schrägen Bauchmuskeln nur einseitig, verringern sie den Abstand auf der entsprechenden Seite „in der Diagonale"[22] und schränken die Einatmung ein. Sind sie verspannt, „entfällt die Flankenatmung".[23] Auch der quere Bauchmuskel (Transversus abdominis) ist an der Flankenatmung beteiligt, beziehungsweise dabei spürbar. Durch seine zahlreichen Ansätze, die sich in alle Richtungen erstrecken, umschließt er die gesamten Bauchorgane. All diese Muskeln

---

[20] vgl. POHL 2010 Unerklärliche Beschwerden S. 234-246, vgl. Ausbildungsunterlagen Sensomotorische Körpertherapie nach Dr. Pohl® Segment 4 S. 19.

[21] Zitat: POHL 2010 Unerklärliche Beschwerden S. 231 Z. 17.

[22] Zitat: Ausbildungsunterlagen Sensomotorische Körpertherapie nach Dr. Pohl® Segment 4 S. 22 Z. 3f.

[23] Ausbildungsunterlagen Sensomotorische Körpertherapie nach Dr. Pohl® Segment 4 S. 22 Z. 6.

sind Teil der gesamten Bauchatmung, die nur erfolgen kann, wenn die Bauchdecke und deren Muskulatur locker sind.[24]

4.3.3 Die Zwischenrippenmuskeln

Die Zwischenrippenmuskeln (Intercostalmuskeln) sind ein wesentlicher Bestandteil der Brustatmung, da sie in zwei Schichten (innere und äußere Schicht) zwischen den Rippen liegen und den Brustkorb bewegen. Unterschieden wird zwischen den äußeren Zwischenrippenmuskeln (Intercostales externi), die durch Kontraktion den Brustkorb bei der Einatmung anheben, und den inneren Zwischenrippenmuskeln (Intercostales interni), die den Brustkorb, ebenfalls durch Kontraktion, bei der Ausatmung senken.

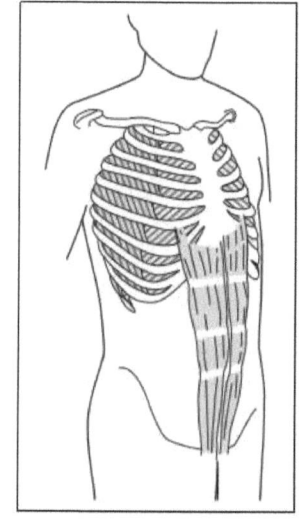

Gerader Bauchmuskel und Zwischenrippenmuskel

Sowohl die Intercostales externi als auch die Intercostales interni „sind zwischen allen Rippen bzw. Rippenknorpeln angebracht und verbinden je zwei übereinanderliegende Rippen"[25]. Sie arbeiten bei der Ein- bzw. Ausatmung als Agonisten und Antagonisten zusammen. Diese Muskeln sind sehr wichtig für die Bruststimme, da sie die Brustatmung überhaupt erst ermöglichen. [26]

4.3.4 Die Serratus-Muskeln

Auch die Serratus-Muskeln werden unterteilt, und zwar in vordere (Serratus-anterior) und hintere Serratus-Muskeln (Serratus-posterior). Die Serratus-anterior-Muskeln zählen zu den Ausatemmuskeln. Sie setzen innen am medialen Schulterblatt an und ziehen die Schultern „insgesamt nach vorn"[27]. Sind sie verspannt, blockieren sie den Brustkorb und halten ihn in der Ausatemstellung fest, da die Schultern weiter nach vorn gezogen sind, als sie es sein sollten. Die

---

[24] vgl. Ausbildungsunterlagen Sensomotorische Körpertherapie nach Dr. Pohl® Segment 4 S: 20-22, POHL 2010 Unerklärliche Beschwerden S. 230.

[25] Zitat: Ausbildungsunterlagen Sensomotorische Körpertherapie nach Dr. Pohl® Segment 4 S. 24 Z. 10ff.

[26] vgl. POHL 2010 Unerklärliche Beschwerden S. 229, vgl. Ausbildungsunterlagen Sensomotorische Körpertherapie nach Dr. Pohl® Segment 4 S. 24.

[27] Zitat: Ausbildungsunterlagen Sensomotorische Körpertherapie nach Dr. Pohl® Segment 4 S.27 Z. 6.

hinteren Serratus-Muskeln, aufgeteilt in Serratus posterior superior und Serratus posterior inferior, verlaufen beidseitig schräg und dienen als Unterstützung der Intercostalmuskeln der Rippenbewegung. Sie fungieren also auch als Synergisten der Zwischenrippenmuskulatur. Ihre Ansätze liegen oben an den ersten beiden Brustwirbeln, unten an den letzten beiden Brustwirbeln.[28]

4.3.5 Der Kehlkopf

Die Bewegung des Kehlkopfs ist zum Singen notwendig. Er liegt oberhalb der Luftröhre und ist durch mehrere kleineren Muskeln mit dem Zungenbein verbunden. Bei der Einatmung werden Luftröhre und Kehlkopf durch die Zungenbeinmuskeln ein wenig nach unten gezogen, so kann sich u.a. der Rachenraum weiten.

Bei der Ausatmung geschieht genau das Gegenteil, die Zungenbeinmuskeln ziehen Kehlkopf und Luftröhre zurück in ihre

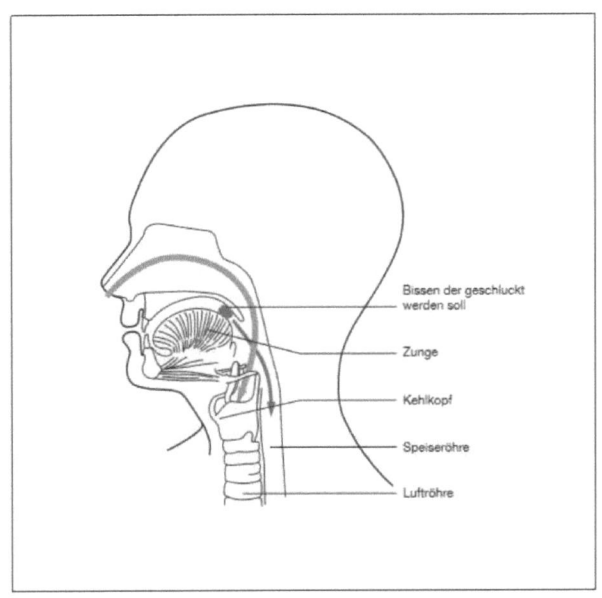

Atmung und Schlucken

Ausgangslage. Da sich innerhalb des Kehlkopfs die Stimmbänder, eingebettet in einem Spalt (der „Stimmritze"), befinden, gehört er zu den wichtigsten Muskeln, was den Gesang anbelangt. Um einen Ton zu erzeugen, erfolgt zunächst die bereits oben beschriebene Einatmung. Die Stimmlippen (plica vocalis), werden weit geöffnet. Durch die Interaktion mit diversen kehlkopfinternen Muskeln können Stimmlippenspannung, -dicke und –länge verändert werden, um die Lautstärke und Höhe des Tons zu regulieren. So erfolgt das Singen mit der Kopfstimme,

---

[28] vgl. Ausbildungsunterlagen Sensomotorische Körpertherapie nach Dr. Pohl® Segment 4 S.27, S.30.

also höheren Tönen durch das Hochziehen des Kehlkopfs, während tiefere Töne durch das Herunterziehen des Kehlkopfs erzeugt werden[29].

4.3.6 Sonstige Atemmuskeln

Neben den oben genannten Muskeln gibt es noch eine Reihe zusätzlicher Muskeln, die an der Atmung mitwirken oder sie beeinflussen. So beeinflusst der Iliopsoas die Atmung erheblich, auch wenn er nicht aktiv daran beteiligt ist. Ist er verkürzt, führt dies zu einer Beugung im Hüftgelenk oder zum Hohlkreuz von unten, wodurch Bauch und unterer Rücken starr sind und die Atmung somit eingeschränkt wird. Ist der Bauch fest, die Bauchatmung also behindert, wird eine Hochatmung begünstigt. Der Brustkorb wird dann von den Halsmuskeln nach oben gezogen.

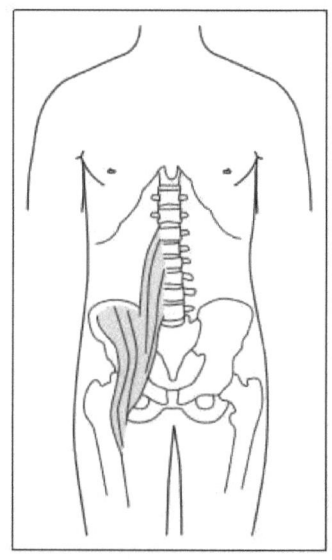

Iliopsoas

Dies geschieht hauptsächlich durch die Sternocleidomastoidei und Scaleni-Muskeln, die die Atemmuskulatur normalerweise ergänzen und als Atemhilfsmuskeln agieren. Abschließend muss auch der Beckenboden erwähnt werden, der antagonistisch mit dem Zwerchfell zusammenarbeitet, jedoch bei der Atmung eine vergleichsweise geringe Volumenvergrößerung, bzw. –Verkleinerung vorweist.[30]

4.4 Atemeinschränkende Fehlhaltungen und ihre Ursachen

4.4.1 Stopp- und Startmuster

Grundsätzlich wird bei den Fehlhaltungsmustern zwischen dem Stopp- und Startmuster unterschieden. „Der Ausdruck Stoppmuster stammt von Thomas Hanna und bezeichnet ein Spannungsmuster, das uns nach vorn zusammenzieht und beugt".[31] Das Startmuster, ebenfalls

---

[29] vgl. POHL 2010 Unerklärliche Beschwerden S. 211-212, vgl. Ausbildungsunterlagen Sensomotorische Körpertherapie nach Dr. Pohl® Segment 5 S. 14.

[30] vgl. Ausbildungsunterlagen Sensomotorische Körpertherapie nach Dr. Pohl® Segment 4 S.23, S.28, Beckenbodenskript Segment 4 S.12.

[31] Zitat: POHL 2010 Unerklärliche Beschwerden S. 245 Z. 1ff.

entdeckt von Thomas Hanna, zieht den Körper nach hinten und ist Hauptverursacher für Rückenschmerzen. Im Folgenden werden zwei Beispiele für die verschiedenen Muster und deren Ursache, sowie den beteiligten Muskeln beschrieben. [32]

4.4.2 Das Stoppmuster – Generation Smartphone

Die heutzutage wahrscheinlich häufigste Ursache für das Stoppmuster ist das Smartphone. Überall wo man sich bewegt sieht man die Menschen, den Kopf nach unten zum Smartphone gesenkt, den Oberkörper zusammengesunken und nach vorne geneigt. Es verkürzen sich zahlreiche Muskeln, darunter natürlich auch die oben genannten Atem- und Gesangsmuskeln, da diese sich auf der Rumpfvorderseite befinden. Durch das „Zusammenklappen" des Oberkörpers wird die Atmung erheblich eingeschränkt. Oft wird durch diese Haltung die Bauchatmung sehr in Mitleidenschaft gezogen, da der Bauch nahezu eingeklemmt wird, die Bauchmuskeln somit verkürzt werden. So entsteht häufig eine Hochatmung. Da der Oberkörper nach vorn zusammengezogen wird, die Rückenmuskeln in 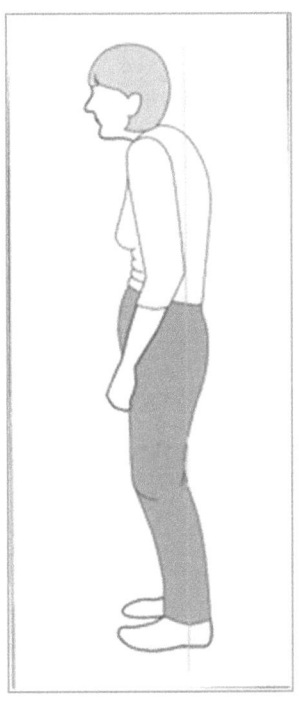 der Schwerkraft dagegen halten müssen, bildet sich ein Rundrücken. Um diese Fehlhaltung zu korrigieren, versuchen viele ihren „Buckel" nach hinten zu verlagern. Da sich aber bereits zu viele Muskeln verspannt haben, lehnen sie lediglich ihren Oberkörper nach hinten, was zu einer Kombination aus Start- und Stoppmuster führt.

---

[32] vgl. POHL 2010 Unerklärliche Beschwerden S. 329.

4.4.3 Das Startmuster – Posieren

Das „Posieren" hat sowohl bei Frauen als auch bei Männern denselben Grundgedanken. Bei Männern ist das Startmuster sehr häufig, da sie durch übertriebenes Lehnen nach hinten versuchen, groß und kräftig zu wirken. Bei Frauen kann diese Haltung oft bei Models beobachtet werden, die sich beim Fotografieren, jedoch auch auf dem Laufsteg nach hinten lehnen, um sich zu präsentieren. Hier verkürzt sich die Rückenmuskulatur, die Bauchmuskulatur muss auch hier in der Schwerkraft dagegenhalten und wird fest. Die Atmung wird somit erschwert. Andere Ursachen für das Startmuster bilden bestimmte Berufsgruppen wie z.B. Maler, die häufig über Kopf arbeiten. Außerdem sind kleine Menschen betroffen, die häufig zu größeren Mitmenschen aufblicken müssen.

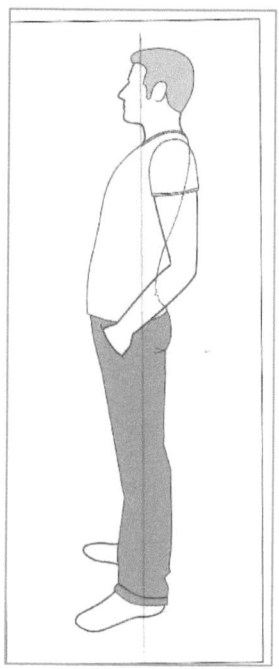

5 SELBSTVERSUCH

Neben der Beschäftigung mit den theoretischen Aspekten der Therapie habe ich mich selbst der Therapie unterzogen. Da ich seit mittlerweile dreieinhalb Jahren singe, jedoch mit manchen Gesangstechniken aufgrund der Atmung Schwierigkeiten hatte, ließ ich meine Atemmuskulatur behandeln, um somit meine Atmung und folglich auch meinen Gesang zu verbessern. Ich habe von jeder Behandlung einen Bericht erstellt, sodass eingesehen werden kann, welche Muskeln an welchem Tag behandelt wurden. Um die Veränderung nicht nur schriftlich zu dokumentieren, habe ich vor und nach jeder Behandlung Bild- und Videoaufnahmen gemacht, um die Veränderung meiner Haltung und der Beweglichkeit der Atemmuskulatur während des Singens verdeutlichen zu können. Damit eine genaue Veränderung der verschiedenen Stimmlagen erkennbar ist, habe ich das Lied „Ave Maria" von Beyoncé ausgewählt, da hier Kopf-, Brust- und Bauchstimme gut zur Geltung kommen. Die Bildaufnahmen sowie die genauen Behandlungsverläufe sind im Anhang einsehbar. Die Videoaufnahmen sind der digitalen Form der Facharbeit angefügt.

5.1 Meine Behandlungserfahrung

Die Behandlung brachte viele interessante Erfahrungen mit sich. Dazu gehörten eine Veränderung der Körperhaltung, ein verändertes Körpergefühl bezüglich der Stimme und der Atmung, sowie ein veränderter Klang der Stimme. Auf den Bildaufnahmen des ersten Behandlungstages, dem 04.03.2017, ist meine Fehlhaltung deutlich zu erkennen. Sie setzt sich aus dem Stopp- und Startmuster zusammen, was daran zu sehen ist, dass die vordere Rumpfseite sehr nach vorn gezogen, der Oberkörper selbst aber nach hinten geneigt ist. Die Schultern sind nach vorn gezogen und stehen mehr im rechten Winkel zum Hals, als dass sie flach nach unten abfallen. Der Gluteus ist angespannt, das Gesäß wirkt damit nach hinten gestreckt. Dies wird auch als „Entenhintern" oder „Psoashintern" bezeichnet, da der Iliopsoas verkürzt ist und damit auch ein Hohlkreuz von unten verursacht. Beim Gesang ist eine extreme Hochatmung zu sehen, der Bauch bewegt sich, jedoch nicht besonders kräftig. Die Stimme klingt vergleichsweise angestrengt, die höheren Töne waren zwar singbar, jedoch partiell schwer zu erreichen und mit einem Kitzelgefühl im Hals verbunden. Nach der Behandlung war meine Körperhaltung weiter aufgerichtet, das Gesäß war durch die Behandlung am Iliopsoas nicht mehr so weit herausgestreckt.

Das Gesangsgefühl war sehr seltsam, da ich mich durch ein verändertes Körpergefühl wie in einem neuen Körper fühlte. Die vorher benötigte Kraft zum Singen war nicht mehr nötig, beziehungsweise zu viel. Ich konnte viel entspannter singen, was auch stimmlich zu hören war. Meine Gesangslehrerin gab mir am darauffolgenden Dienstag das Feedback, meine Kopfstimme hätte sich im Vergleich zur vorigen Woche deutlich gebessert. Sie wusste vorher nichts von meiner Behandlung. Auch vor der nächsten Behandlung am 09.03.2017 waren die Behandlungserfolge noch spürbar. Durch das Körperbewusstseinstraining gewöhnte ich mich an meine neue Haltung, so konnte ich mit meiner verbesserten Atmung anders umgehen. Ich hatte das Gefühl, mehr Luft einatmen zu können. Beim Singen war der Schlusston zwar kratzig, jedoch gefühlt besser zu singen. Nach dieser Behandlung bekam ich nicht nur ein erneut verbessertes Atemgefühl, sondern auch das Gefühl, eine Art Stütze im Bauch zu haben, die mir die Atmung erleichterte. Da ich nun auch besser und auch sichtbar in die Seiten atmen konnte, fiel es mir noch leichter zu atmen. Die Hochatmung ging ein Stück zurück, die Schultern bewegten sich bei der Atmung mehr nach hinten anstatt nach oben. Zwar war der Schlusston noch immer kratzig, durch die verbesserte Körperwahrnehmung konnte ich aber die Ursache lokalisieren. Es fühlte sich an, als ob der Ton über dem Kehlkopf festhing.

Dies wurde in der dritten Behandlung am 12.03.2017 behoben. Hier war der Schlusston schon vor der Behandlung nicht mehr kratzig, jedoch fiel es mir deutlich leichter, ihn nach der Behandlung kräftig zu singen und zu halten. Meine Kopfstimme wurde stärker, der Übergang zwischen den unterschiedlichen Stimmen war nicht mehr so deutlich wie zuvor. Ein interessanter Effekt war, dass ich den Ton nach der Behandlung viel höher als nötig sang, da ich denselben Kraftaufwand wie vorher einsetzte. Nun war aber viel weniger Kraft notwendig, weshalb der Ton zu hoch geriet. Ein weiterer interessanter Aspekt war, dass während den Behandlungen in unterschiedlichen Bereichen auch verschiedene Gefühle ausgelöst wurden. So fühlte ich mich bei der Behandlung am Bauch eher ärgerlich gestimmt, bei der Behandlung an der Brustmuskulatur hatte ich das Gefühl, gleich weinen zu müssen. Wurde ich am Hals behandelt, fühlte ich mich trotz des Schmerzes tiefenentspannt und wäre beinahe eingeschlafen.

In der darauffolgenden Woche bekam ich auch von meinem Chorleiter die Rückmeldung, dass ich die höheren Töne, Zitat, „wie eine Konzertsängerin meistern würde". Dieses Kompliment freute mich sehr, denn ich hatte mich neben den Sensomotorischen Übungen auch so oft wie möglich auf das Körperbewusstseinstraining konzentriert, in diesem Fall also ganz bewusst auf meine Atmung und Körperhaltung geachtet. Ich hatte nun das Gefühl, den Ton sowohl im Hals als auch im Körper wirklich spüren zu können. Nach der Behandlung am 18.03.2017, bei der nun auch der Rücken behandelt wurde, ist erneut eine Besserung der Atmung spürbar, sichtbar und hörbar. Dies liegt vor allem daran, dass ich nun in eine weitere Richtung atmen konnte, nämlich in den Rücken. Die Rückenatmung nur bedingt sichtbarer als vor der Behandlung, für mich aber sehr viel spürbarer. Besonders der obere Rücken ist deutlich beweglicher geworden, was ich vor allem in den folgenden Tagen beim Liegen in Rückenlage bemerkte. Auch die Brustatmung ist nun auch in den Aufnahmen besser zu erkennen, da sich der Brustkorb mehr weitet. Die Hochatmung ist kaum noch zu sehen, außerdem hat sich die Atmung in die Seiten verstärkt. Der für mich angenehmste Effekt war, dass das Kitzeln im Hals nachgelassen hatte und ich das Gefühl bekam, noch tiefer atmen zu können. Dieser Effekt ist auch deutlich hörbar.

In der Behandlung am 22.03.2017 wurde der Fokus auf die Behandlung des Rückens gelegt. Dies verstärkte die Atembewegung im oberen und unteren Rücken. Außerdem fühlte es sich so an, also könnte ich nach der Behandlung in alle Atembereiche, also Bauch, Brust und Rücken atmen. Noch vor der ersten Behandlung hätte ich nicht einmal sagen können, in welche Richtung ich überhaupt atmete. Nach der vorletzten Behandlung am 25.03.2017 war ein besonderer Erfolg zu spüren: das Kitzeln war endgültig verschwunden. Auf den Bildaufnahmen ist zu sehen, dass sich auch meine Haltung weiter verbessert hat. Sie ist beinahe schon aufrecht. Auch sind die Erfolge der vorigen Behandlungen noch immer präsent. Durch anhaltende Atembewegungen in Brust, Bauch, Seiten und Rücken konnte die Atmung von Behandlung zu Behandlung immer weiter optimiert werden. Die Bewegung im Rücken ist auf den Videoaufnahmen nicht besonders deutlich zu sehen, war für mich aber sehr deutlich zu spüren. Ich konnte den Ton immer besser spüren, das Singen fiel mir sehr viel leichter, was an der Stimme gut zu hören ist. Die letzte Behandlung innerhalb der Facharbeit fand am 02.04.2017 statt. Mein bereits gutes Atemgefühl wurde erneut verbessert.

Der ganz zu Anfang schwer zu singende Schlusston stellte für mich nun kein Problem mehr dar. Ich war in der Lage, ihn lang, kräftig und klar zu halten. Das Kitzeln war noch immer verschwunden, insgesamt hatte ich nun ein gutes Atem- und Gesangsgefühl. Bauch-, Brust- und Rückenmuskulatur sind viel beweglicher.

5.2 Zusammenfassung des Behandlungserfolges

Meiner Meinung nach ist die Sensomotorische Körpertherapie sehr effektiv. Das Kitzeln in meinem Hals ist nach wie vor verschwunden, die Hochatmung ist beinahe verschwunden. Es macht mir viel mehr Spaß zu singen, außerdem ist es auch leichter für mich geworden, die Übergänge zwischen Kopf-, Brust- und Bauchstimme zu bewältigen und diese zu kombinieren. Meine Stimme ist kräftiger, sie hat mehr Volumen und schwingt viel mehr. Durch das Körperbewusstseinstraining achte ich in meinem Alltag tatsächlich „bewusst" darauf, nicht in meine Fehlhaltung zurück zu fallen. Die täglichen Übungen helfen mir, die Behandlungserfolge dauerhaft zu erhalten

6 ANHANG

6.1 Typische Haltungsfehler

Typisches Stoppmuster von vorne

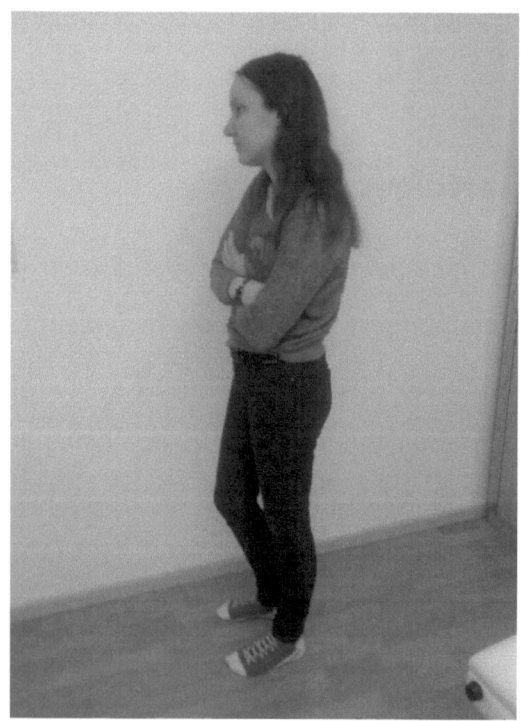

Typisches Stoppmuster von der Seite

Typisches Startmuster bei Frauen frontal

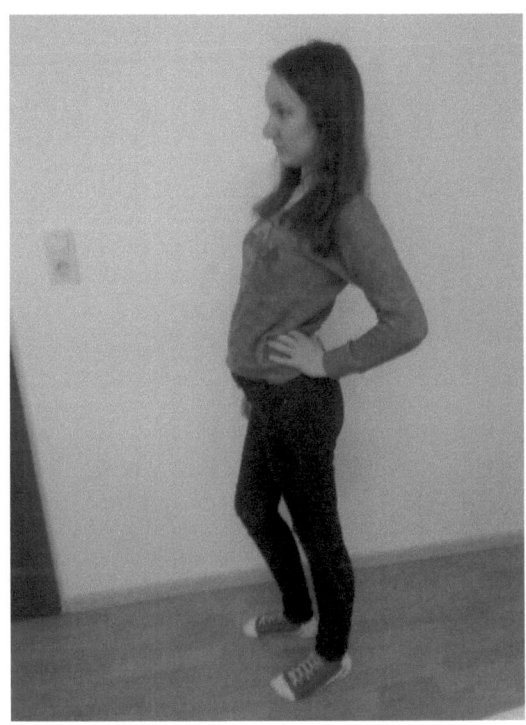

Typisches Startmuster bei Frauen seitlich

Typisches Startmuster bei Männern frontal

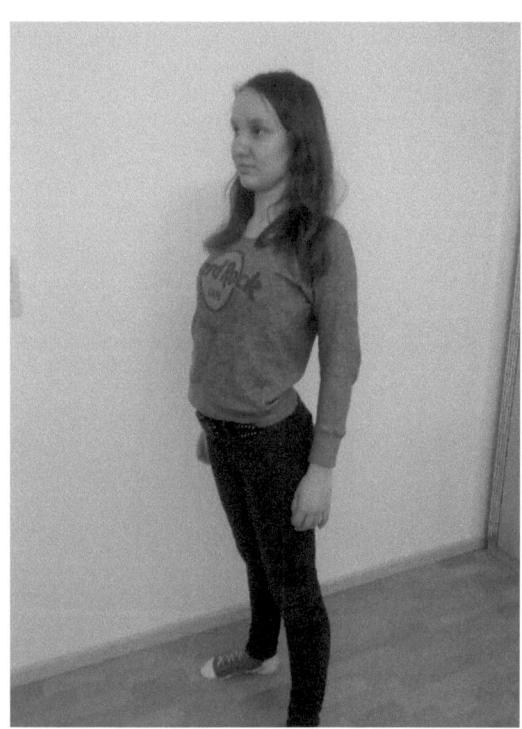

Typisches Startmuster bei Männern seitl.

Typische Smartphonehaltung frontal

Typische Smartphonehaltung frontal

Typische Smartphonehaltung seitlich

Typische Smartphonehaltung seitlich

6.2 Dokumentation des Behandlungsprozesses

Diese Youtube-Playlist beinhaltet Videos zum Behandlungserfolg:

https://www.youtube.com/playlist?list=PLZncup2QEXJDij9JzXtU3m3U7EaUxYkDX

Behandlung vom 04.03.2017

- Behandlung des Bindegewebes am gesamten Bauch → Unterbauch, Oberbauch, gesamter Rectus abdominis → schmerzhaft
- Bindegewebsbehandlung an der Brustmuskulatur
- Zwerchfellbehandlung, Triggerpunktbehandlung an den Zwerchfellansätzen
- Bindegewebsbehandlung über den Rippen und dem Brustkorb → schmerzhaft
- Triggerpunktbehandlung Rectus abdominis
- Bindegewebsbehandlung über dem Iliopsoas
- Kurze Triggerpunktbehandlung des Iliopsoas
- Atemübung nach Paul Linden → Atmung in jede Richtung → Ausatmung in jede Richtung
- Pandiculation Atmung → geführter Wiederstand der Intercostalmuskel links und rechts bei Einatmung, Forcierung der Ausatmung
- Bindegewebsbehandlung am Hals
- Triggerpunktbehandlung des Kehlkopfes
- Pandiculation am Kehlkopf
- Bindegewebs- und Triggerpunktbehandlung der Sternocleidomastoidei → sehr schmerzhaft → Hinweis auf Hochatmung
- Triggerpunktbehandlung Schambeinansätze und Ansätze am Sternum des Rectus abdominis → sehr schmerzhaft
  Übungen:
- Ausrichten der Füße, gleiche Verteilung des Gewichts
- Lockere Knie
- Becken nach hinten kippen
- Oberkörper aufrichten
    → Körperbewusstseinstraining diesbezüglich

Behandlung vom 09.03.2017

- Bindegewebsbehandlung an Unterbauch und Oberbauch → noch immer schmerzhaft
- Bindegewebsbehandlung am Brustkorb
- Triggerpunktbehandlung der Intercostalmuskulatur → kitzelt, ebenfalls ein Hinweis auf festes Bindegewebe und verspannte Muskulatur
- Bindegewebsbehandlung über Iliopsoas → sehr schmerzhaft
- Triggerpunktbehandlung des Iliopsoas → sehr schmerzhaft, rechts fester als links
- Bindegewebsbehandlung über den Brustmuskeln → schon weniger schmerzhaft als das erste Mal
- Triggerpunktbehandlung des Pectoralis minor → sehr schmerzhaft, links mehr als rechts
- Pandiculations Pectoralis major und minor → Gefühl, dass Schultern mehr auf der Liege aufliegen
- Bindegewebsbehandlung am Hals
- Bindegewebsbehandlung unterer Rücken, Rückenstrecker → sehr fest
- Bindegewebsbehandlung vorderer und hintere Serratus-Muskeln

Behandlung vom 12.03.2017

- Bindegewebsbehandlung über Rectus abdominis → erträglicher, weniger schmerzhaft
- Bindegewebsbehandlung über den Brustmuskeln → sehr festes Bindegewebe im Bereich des Pectoralis minor und mitten auf dem Brustbein → sehr schmerzhaft
- Triggerpunktbehandlung der Brustmuskulatur → schmerzhaftes Ziehen, auch im gegenüberliegenden Bereich des Bauchs im Rücken
- Bindegewebsbehandlung über dem Brustkorb, seitlich sehr fest
- Bindegewebsbehandlung im epigastrischen Bereich → sehr festes Bindegewebe
- Bindegewebsbehandlung im Brustbereich, auch hier Ziehen im gegenüberliegenden Bereich des Bauchs im Rücken
- Bindegewebsbehandlung am Hals → festes Bindegewebe direkt über dem Kehlkopf → Behandlung sehr ergiebig, teils eigene Führung der Behandlung
- Bindegewebsbehandlung am ganzen Hals, auch seitlich

- Bindegewebs- und Triggerpunktbehandlung über dem Digastricus → sehr schmerzhaft
- Kurze Pandiculation am Trapezius-Muskel

Behandlung vom 18.03.2017

- Bindegewebsbehandlung am Unterbauch → noch fest
- Bindegewebsbehandlung am Rectus abdominis → weniger schmerzhaft
- Bindegewebsbehandlung im Brustbereich → noch immer fest, aber schon besser
- Bindegewebsbehandlung über den Inercostalmuskeln → sehr fest → beidseitige Behandlung in Seiten- und Rückenlage
- Bindegewebsbehandlung der Rückenstrecker in Bauchlage → sehr fest, bewegt sich auch beim Singen kaum
- Bindegewebsbehandlung am Hals und über dem Kehlkopf, teils eigene Führung → gefühlte Entspannung der gegenüberliegenden Nackenmuskeln
- Pandiculation am Pectoralis minor
- Pandiculation des Iliopsoas → Übung
- Bindegewebs- und Triggerpunktbehandlung des Trapezius-Muskels
- Pandiculations des Trapezius-Muskels links und rechts → „Rattern", Zittern auf beiden Seiten
- Pandiculations Scaleni-Muskeln
- Bindegewebsbehandlung über dem Schlüsselbein
- Bindegewebsbehandlung Serratus-Muskeln
- Triggerpunktbehandlung Serratus-Muskeln

Behandlung vom 22.03.2017

- Bindegewebsbehandlung des unteren und mittleren Rückens, hauptsächlich am unteren Rücken → sehr festes Bindegewebe

Behandlung vom 25.03.2017

- Bindegewebsbehandlung am unteren und mittleren Rücken
- Bindegewebsbehandlung am seitlichen Brustkorb → eingeschränkte Atmung
- Triggerpunktbehandlung der Rückenstrecker → schmerzhaft
- Bindegewebs- und Triggerpunktbehandlung der Sternocleidomastoidei
- Bindegewebsbehandlung über dem Kehlkopf
- Pandiculation am Kehlkopf

Behandlung vom 02.04.2017

- Bindegewebsbehandlung am Hals → kaum noch schmerzhaft → leichtes Ziehen im Nacken
- Eigene Führung, meistens Behandlung zurück zum Kehlkopf, mittig
- Bindegewebsbehandlung über den Brustmuskeln → schmerzhaft
- Bindegewebsbehandlung am Unterbauch → fest und schmerzhaft, jedoch schon weniger als vorher
- Triggerpunktbehandlung am Steißbein → sehr schmerzhaft
- Pandiculations an den Pectoralis minor → „Rattern", Zittern links
- Pandiculations lange Rückenstrecker
- Triggerpunktbehandlung lange Rückenstrecker
- Pandiculation kurze Rückenmuskeln

6.2.2 Detaillierte Beschreibung

	Behandlungs-bereiche	Länge/ Dauer	subjektive Veränderung	objektive Veränderung
04.03.2017	Bauch, Brust, Hals	zweistündige Behandlung	Ungewohntes Gefühl beim Singen, verändertes Körpergefühl, hohe Töne waren einfacher zu singen, das Singen an sich war weniger anstrengend	Mehr Bewegung bei Atmung, veränderter Klang der Stimme, mehr Luft, Stimme klingt weniger angestrengt
09.03.2017	Bauch, Brust, Hals, Rücken	zweistündige Behandlung	Gefühl, mehr Luft zu bekommen, besseres Fühlen der Atmung (besonders bei der Einatmung), Stützgefühl im Bauch	vorige Behandlungs- erfolge sichtbar, Atmung vor Behandlung etwas tiefer, nach Behandlung noch etwas mehr, Schlusston noch etwas

				kratzig, aber besser, weniger hörbare Anstrengung
12.03.2017	Bauch, Brust, Hals	zweistündige Behandlung	Verschiedene Gefühle bei Behandlung in verschiedenen Bereichen, besseres „Fühlen des Tons" und der Luft beim Singen, mehr Lufteinsatz als nötig bei Schlusston, die vorher angewandte Kraft war nicht mehr nötig, Ton war leichter zu singen, Stützgefühl im Bauch	Behandlungs-Fortschritt von voriger Behandlung erkennbar, Schlusston erstmals auch vor der Behandlung nicht mehr kratzig, nach der Behandlung Schlusston kräftiger, deutlichere Bewegung des Bauchs, Atmung viel deutlicher sichtbar, weniger Hochatmung,

				kräftigere Stimme
18.03.2017	Bauch, Brust, Hals, Rücken	zweistündige Behandlung	Atmung in den Rücken spürbarer, Singen zunächst jedoch schwieriger, da sich das Körpergefühl erneut verändert hat, Gefühl einer „Stütze" im Bauch, sodass es schwerer fällt, den Bauch zusammen-zuklappen und weiter ins Stoppmuster zu verfallen, weniger Kitzeln im Hals	Hochatmung schon vor Behandlung kaum noch sichtbar, nach Behandlung beinahe gar nicht mehr, Schultern gehen bei Atmung mehr zurück, nicht hoch, kräftigere Stimme, mehr Seitenatmung
22.03.2017	Rücken	einstündige Behandlung	Mehr Bewegungs-Gefühl im unteren Rücken	ein wenig mehr Bewegung im unteren Rücken sichtbar, mehr Luft im Schlusston

25.03.2017	Rücken, Brust, Hals	anderthalb-stündige Behandlung	Kitzeln im Hals weg, mehr Luftgefühl bei Einatmung, Ausatmung spürbarer, spürbare Atmung in die Seite	kräftigerer Übergang zum Schlusston, mehr Luft in der Stimme, keine hörbare Anstrengung mehr, Bewegung des Bauches, mehr Bewegung in den Seiten und im oberen, teilweise auch im unteren Rücken
02.04.2017	Hals, Brust, Bauch	anderthalb-stündige Behandlung	Atmung in Rücken noch immer spürbar, wenn auch nicht deutlich sichtbar, viel mehr Luft, noch immer kein Kitzeln mehr im Hals, gutes Atemgefühl	Sehr kräftiger Schlusston, geraderer Stand, kräftigere Stimme mit mehr Luft

6.2.3 Vorher-/Nachher-Vergleich nach der Behandlung

Behandlung 04.03.2017 vorher

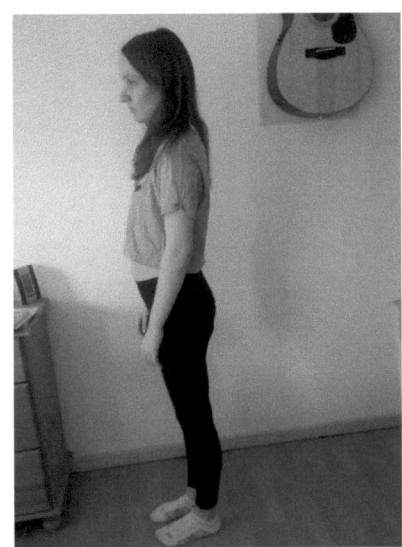
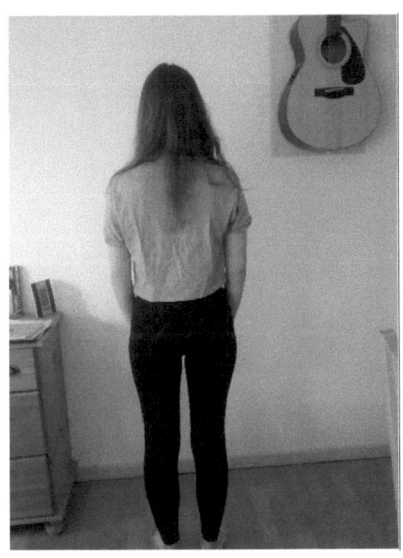

Behandlung 04.03.2017 nachher

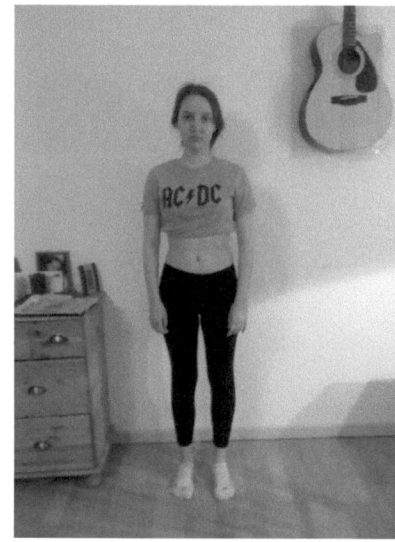

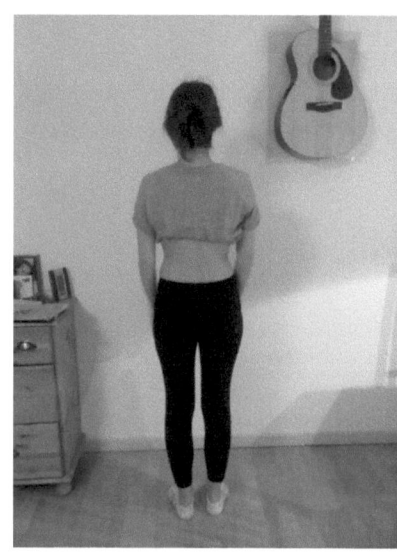

Behandlung vom 09.03.2017 vorher

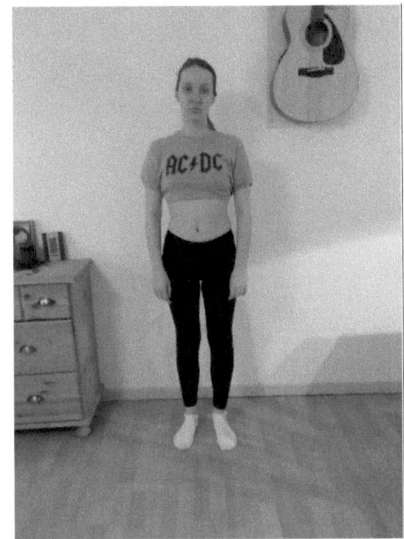

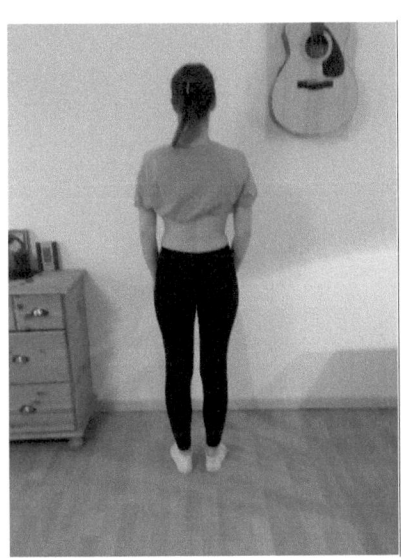

Behandlung vom 09.03.2017 nachher

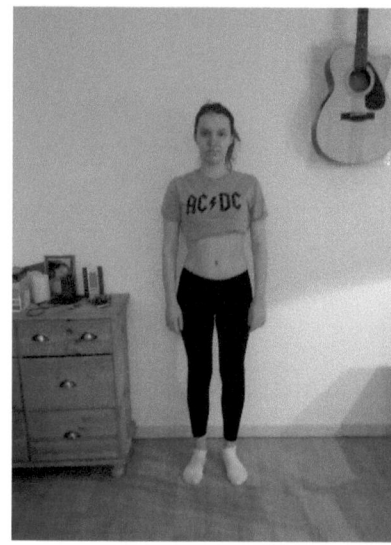 

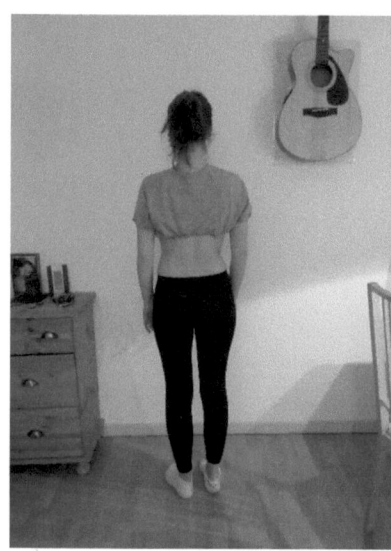 

Behandlung vom 12.03.2017 vorher

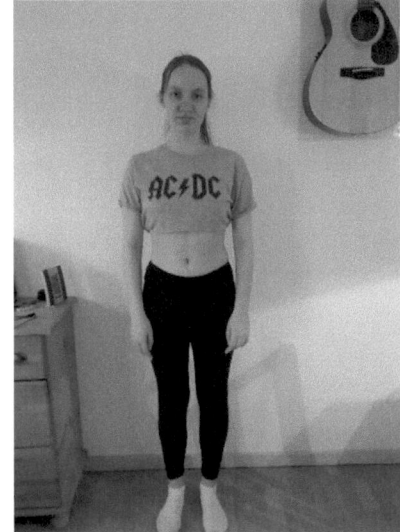
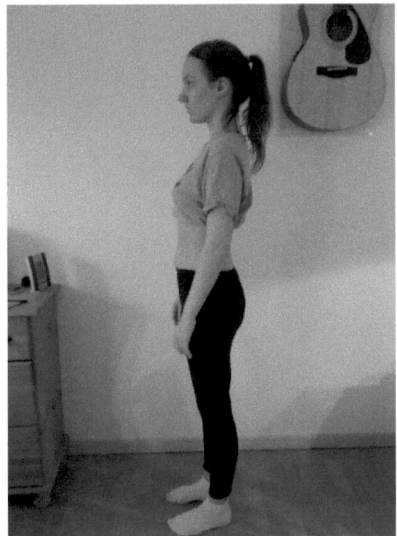

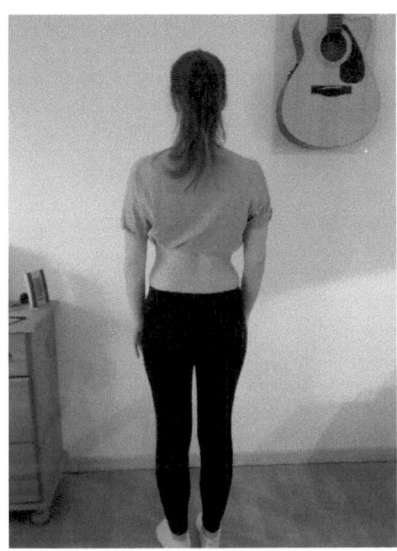
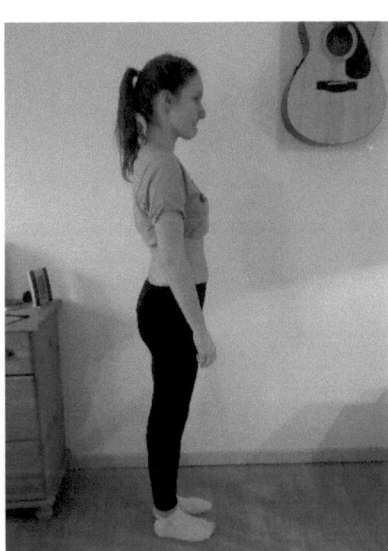

Behandlung vom 12.03.2017 nachher

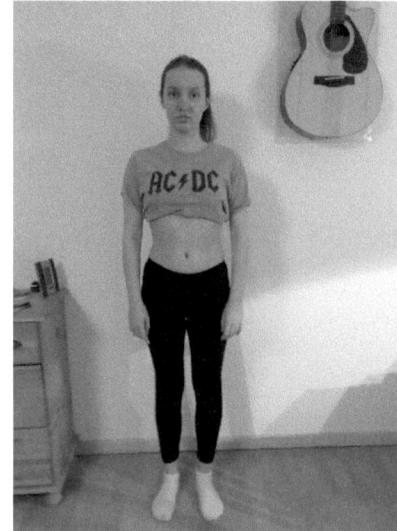 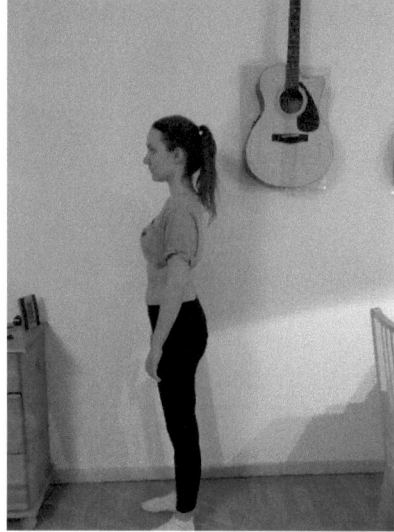

Behandlung vom 18.03.2017 vorher

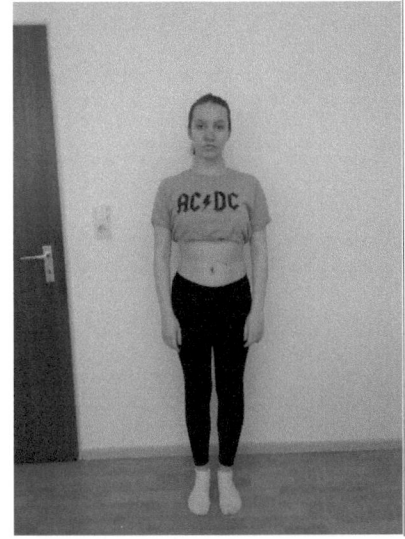

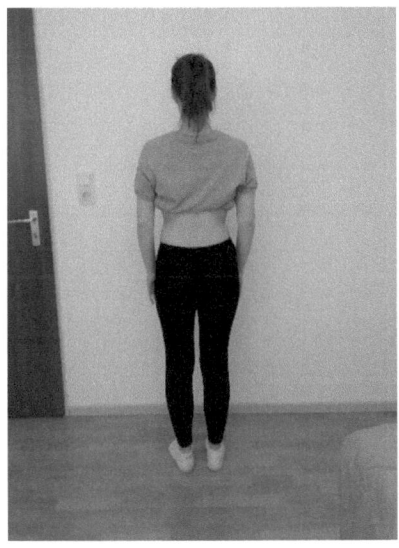
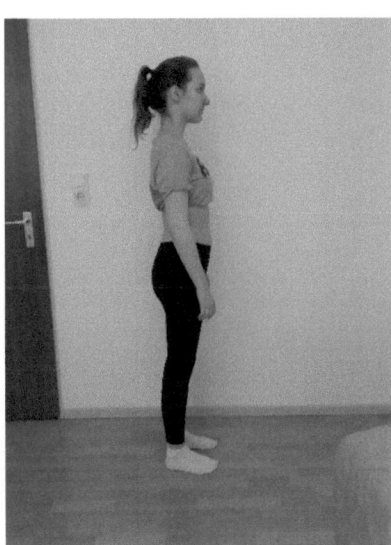

Behandlung vom 18.03.2017 nachher

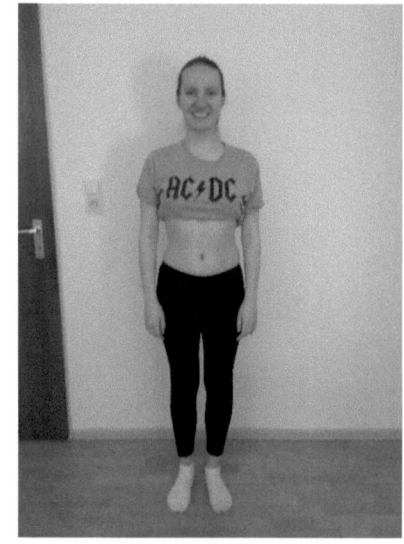
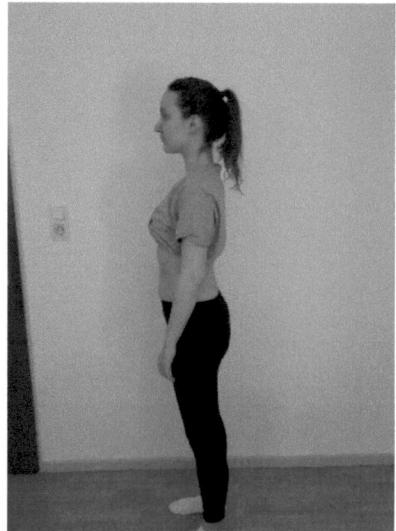
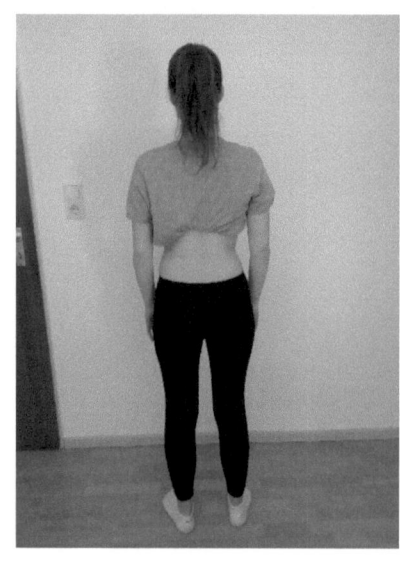
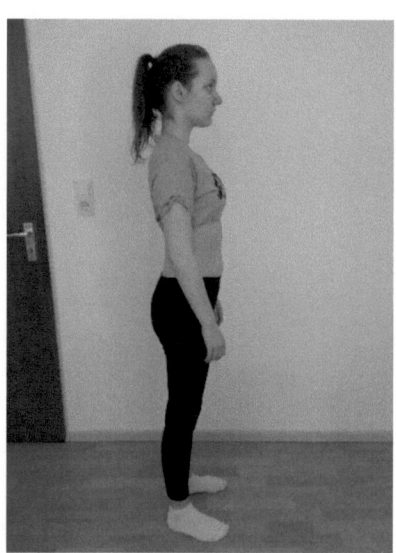

Behandlung vom 22.03.2017 vorher

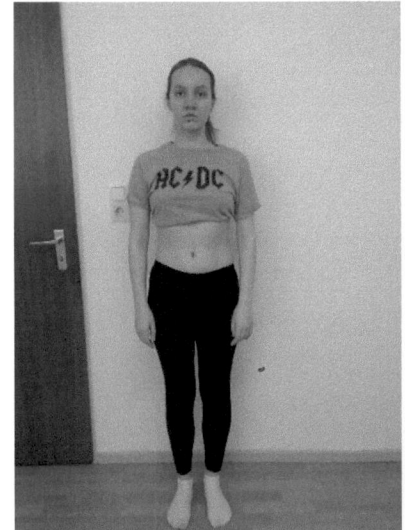 

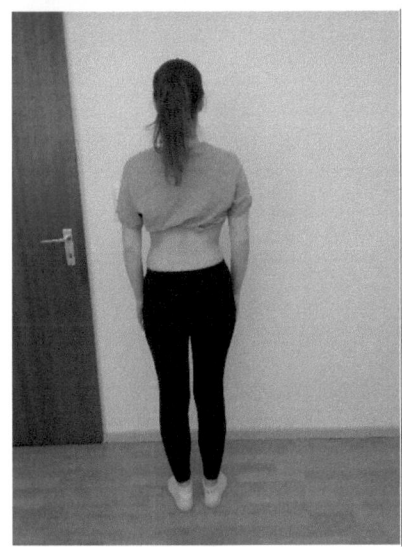 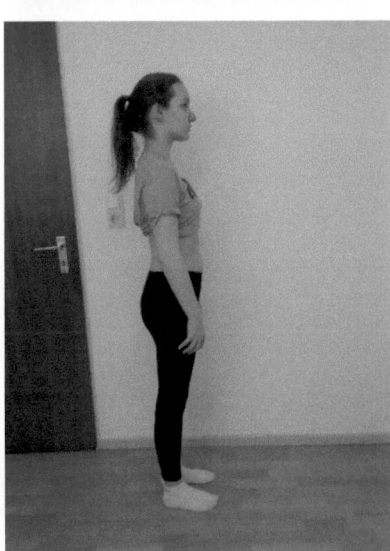

Behandlung vom 22.03.2017 nachher

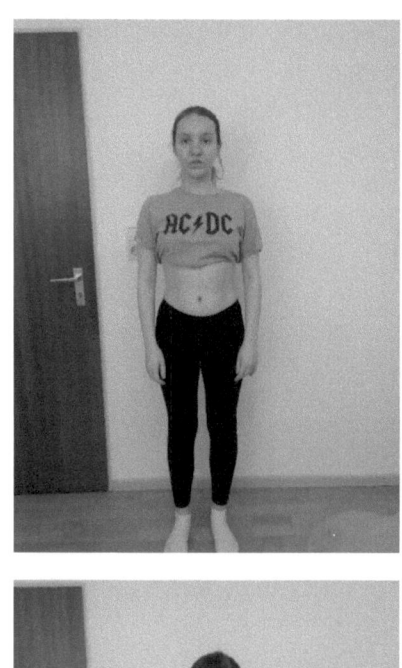

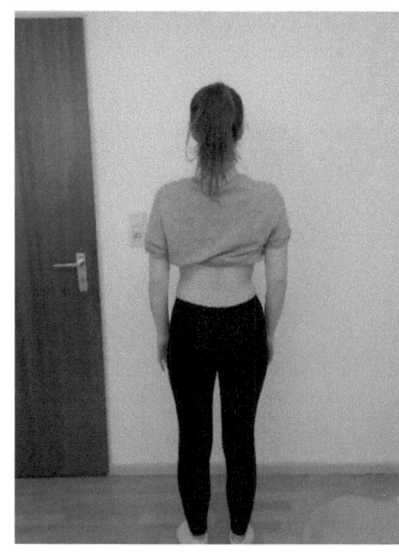

Behandlung vom 25.03.2017 vorher

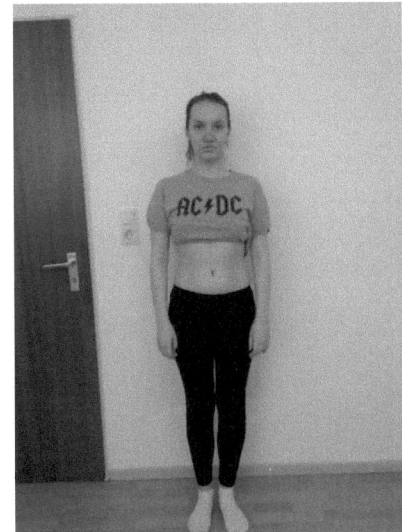 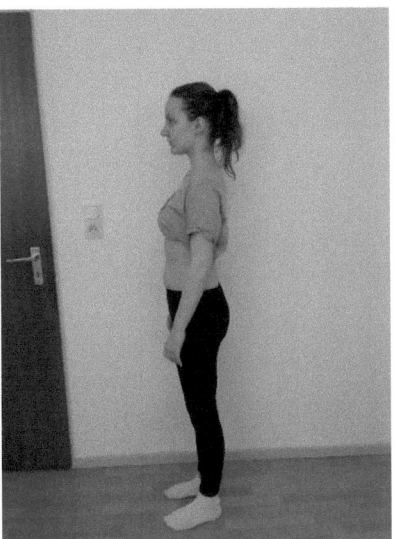

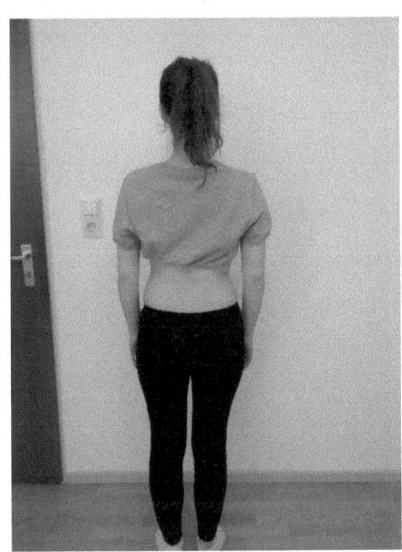 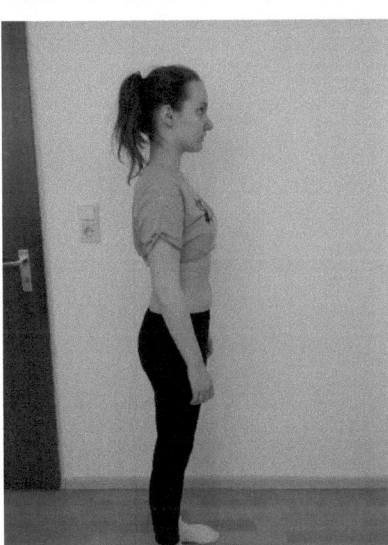

Behandlung vom 25.03.2017 nachher

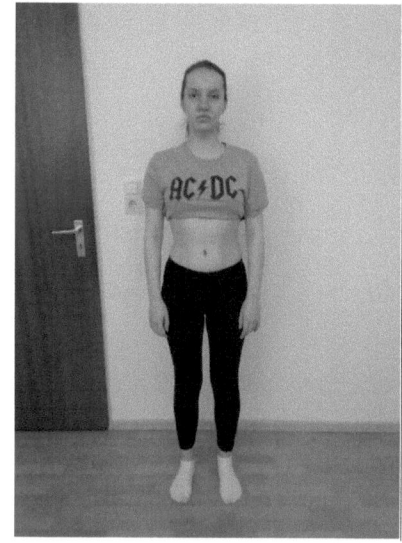 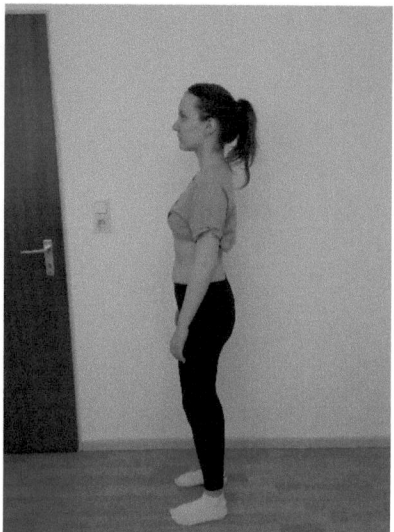

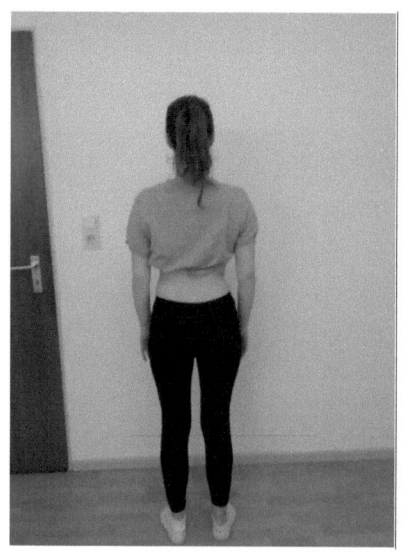 

Behandlung vom 02.04.2017 vorher

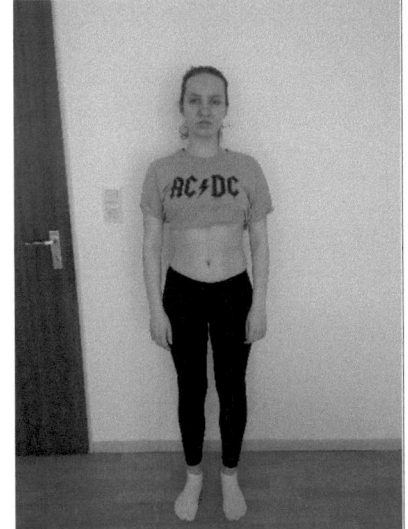
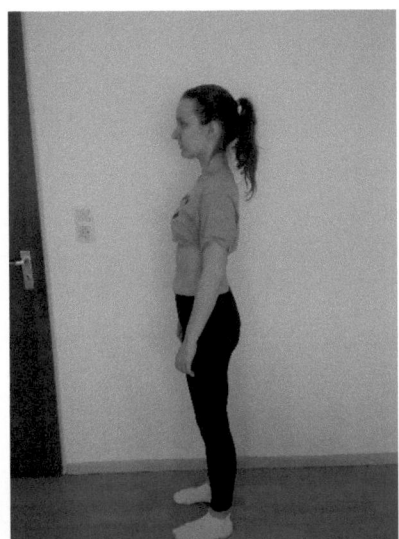
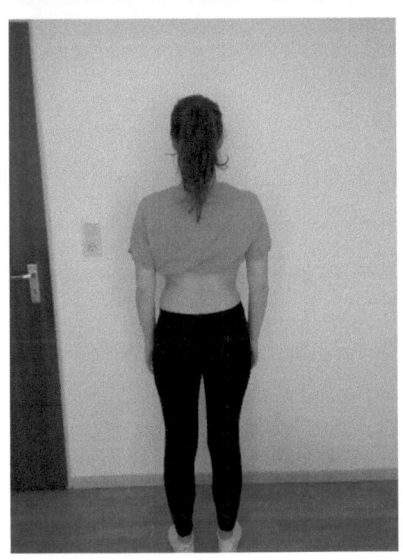

Behandlung vom 02.04.2017 nachher

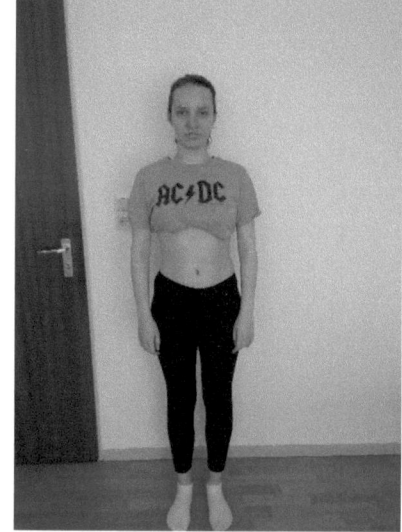 

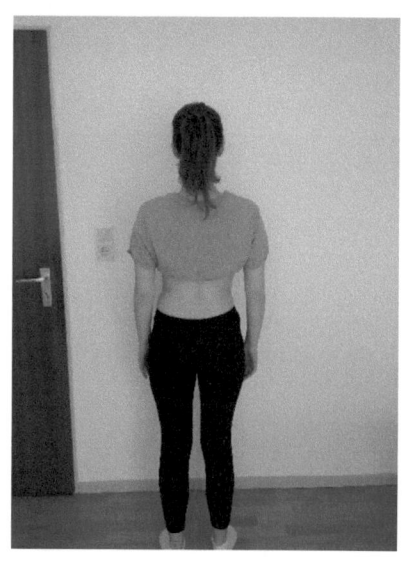 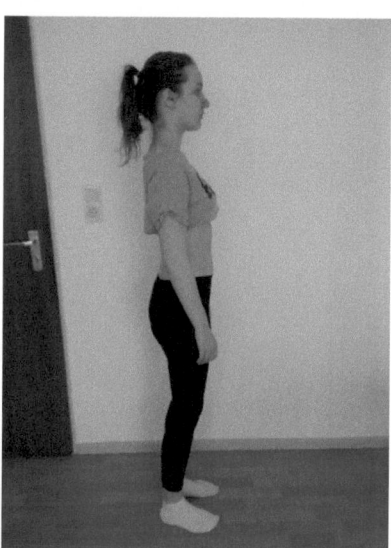

7 LITERATURVERZEICHNIS

7.1 Primärliteratur

(Hrsg.), E. B. (4. Auflage 2009). *Naturheilpraxis heute.* (E. Bierbach, Hrsg.) München: Urban & Fischer.

Davies, C. &. (2. Auflage 2011). *Arbeitsbuch der Triggerpunkt-Therapie.* Paderborn: Jungfernmann Verlag.

Guimberteau, J.; Armstrong, C. (2016). *Faszien: Architektur des menschlichen Fasziengewebes,* Berlin: KVM.

Hanna, T. (2. Auflage 2016). *Beweglich sein ein Leben lang.* München: Kösel-Verlag.

https://www.anatomiedesmenschen.uni-koeln.de/mikro/page.php?p_id=82. (05. April 2017). Von www.anatomiedesmenschen.uni-koeln.de abgerufen

Jecklin, E. (12. Auflage 2004). *Arbeitsbuch Anatomie und Physiologie.* München: Urban & Fischer Verlag.

Pohl, H. (2003-2015). Ausbildung zu Sensomotorischen Körpertherapie nach Dr. Pohl, nur zum privaten Gebrauch. München.

Pohl, H. (2010). *Unerklärliche Beschwerden?* München: Knaur Verlag.

Travell, D. S. (2. Auflage 2002). *Handbuch der Muskel-Triggerpunkte* (Bd. Band 1). München: Urban & Fischer Verlag.

Valerius, K. P. (7. Auflage 2014). *Das Muskelbuch.* o.O.: KVM Verlag.

www.koerpertherapie-zentrum.de. (05. April 2017). Von Pohl http://www.koerpertherapie-zentrum.de/die-behandlung/sensomotorische-koerpertherapie/die-einzelnen-verfahren.html#Verfahren_Bindegewebe abgerufen

7.2 Sekundärliteratur

b-reddy.org. (05. April 2017). Von https://b-reddy.org/2013/07/25/musings-on-scapular-winging-anatomy-muscular-and-nerve-causes-and-exercise-

http://195.186.85.46/media/LTH/KOERPER/atmung_1.html. (05. April 2017). Von http://195.186.85.46/media/LTH/KOERPER/atmung_1.html abgerufen

https://www.anatomiedesmenschen.uni-koeln.de/mikro/page.php?p_id=82. (05. April 2017). Von www.anatomiedesmenschen.uni-koeln.de abgerufen

Netter, F. H. (2003). *Atlas der Anatomie des Menschen Gesamtausgabe Band 1-3*. o.O.: Urban & Fischer, Elsevier.

Paoletti, S. (2001). *Faszien*. Jena: Urban & Fischer.

physiotherapie-frauenfeld.ch. (05. April 2017). Von http://physiotherapie-frauenfeld.ch/manuelle-triggerpunkttherapie.php abgerufen

Schleip, R. (2014). *Lehrbuch Faszien*. München: Urban & Fischer.

sport.freepage.de. (05. April 2017). Von http://sport.freepage.de/cgi-bin/feets/freepage_ext/41030x030A/rewrite/lksport/muskel5.html abgerufen

Valerius, K. P. (7. Auflage 2014). *Das Muskelbuch*. o.O.: KVM Verlag.

www.der-mensch.net. (05. April 2017). Von http://www.der-mensch.net/wp-content/uploads/2011/10/Lage-der-Atmungsorgane.jpg abgerufen

www.fb10.uni-bremen.de. (05. April 2017). Von http://www.fb10.uni-bremen.de/khwagner/phonetik/kapitel4.aspx abgerufen

www.moremuscles.de. (05. April 2017). Von http://www.moremuscles.de/muskeln-aufbauen abgerufen

www.sportunterricht.de. (05. April 2017). Von http://www.sportunterricht.de/lksport/anta.html abgerufen

www.thieme.de. (05. April 2017). Von https://www.thieme.de/de/pflegepaedagogik/5-gewebe-im-menschlichen-koerper-71371.htm abgerufen

www.uni-heidelberg.de. (05. April 2017). Von http://www.uni-heidelberg.de/presse/ruca/ruca1_2000/linke.html abgerufen

www.valedotherapy.com. (05. April 2017). Von https://www.valedotherapy.com/de_de/backpain.html abgerufen

www2.ims.uni-stuttgart.de. (05. April 2017). Von http://www2.ims.uni-stuttgart.de/sgtutorial/architektur.html abgerufen

www2.ims.uni-stuttgart.de/sgtutorial. (05. April 2017). Von http://www2.ims.uni-stuttgart.de/sgtutorial/hirnfunktionen.html abgerufen